con Gusto

RECETAS DE ARROYANOS PARA TI

Sección especial de Recetas de Mrs. Gely

Fundación Noris Valentín Suárez
Apoyo a las Artes y la Cultura

Fundación **Noris**
Valentín Suárez
Apoyo a las Artes y la Cultura

Cocina con Gusto
RECETAS DE ARROYANOS PARA TI

ISBN-13: 978-1987765977
ISBN-10: 1987765974

© 2018

Patria Rivera
patriacorrige@gmail.com
Correctora

Carmen R. Lebrón Anaya
lebronanaya@gmail.com
Diseño de portada y diagramación

El presente libro de recetas Cocina con Gusto: recetas de arroyanos para ti es un esfuerzo en conjunto con la comunidad de Arroyo para impulsar la labor que realizamos en la Fundación Noris Valentín Suárez y, a la vez, publicar un libro práctico de recetas de arroyanos que las personas puedan obsequiar a sus amistades y familiares. Agradecemos a todas las personas que gustosamente sacaron de su tiempo para obsequiarnos una o más recetas. Esperamos que nuestro libro, realizado con tanto cariño y esfuerzo, ocupe siempre un lugar especial en sus cocinas y hogares, y promueva la unión familiar y comunitaria a través del compartir del pan en la mesa. En él queda plasmado el talento de muchos arroyanos, incluidos su redacción y diseño.

Todos somos Arroyo.

Lucila Valentín Suárez

Presidenta de la Fundación Noris Valentín Suárez

Índice

Mis recetas

_____   _____
_____   _____
_____   _____
_____   _____
_____   _____
_____   _____
_____   _____
_____   _____
_____   _____
_____   _____

Aperitivos / Frituras

Alcapurrias

Donada por Centro Cultural Arroyano
Francisco Figueroa Sánchez

Ingredientes para la masa

2 yautías grandes
2 plátanos verdes
10 guineos verdes
1½ sobre de sazón con culantro y achiote
2 cucharadas de sal

Ingredientes para el relleno

3 libras de carne molida
1 cebolla grande
½ pimiento verde
2 dientes de ajo
Aceite para freir
¼ taza de sofrito
½ sobre de sazón con culantro y achiote
1 cucharada de orégano
1 cucharada de pasta de tomate
1 lata de salsa de tomate
½ taza de aceitunas sin semilla
2 pimientos morrones
2 cucharadas de sal
1 cucharadita de pimienta

Procedimiento para la masa

Monde las yautías, los plátanos y los guineos dentro de una olla grande de agua para que no se pongan pintos. Ralle en un guayo o en un procesador de alimentos toda las yautías, los plátanos y los guineos. Si utiliza un guayo, ralle por la parte más finita. Si usa un procesador, procure que quede con una consistencia ni muy fina ni muy gruesa, como la de una crema. Agregue 1 ½ sobre de sazón y sal. Luego revuelva todo hasta que esté bien mezclado. Pruebe y añada sal a gusto. Coloque la masa en la nevera para que se endurezca un poco.

Procedimiento para el relleno

Guise la carne a su gusto utilizando los Ingredientes arriba mencionados.

Procedimiento para preparar las alcapurrias

Para facilitar el proceso de preparar las alcapurrias, consiga una hoja de plátano, amortigüela con un poco de calor y colóquela en su mano. Si no consigue la hoja de plátano, simplemente coloque en su mano una porción de la masa con una cuchara grande de cocina para comenzar a formar las alcapurrias. Antes de comenzar, moje con agua la mano con la que va a trabajar la masa (esto facilitará el trabajo). Con la misma cuchara, hunda la masa en el medio y coloque una cucharada de carne en la cavidad. Coloque otra cucharada de masa con la cuchara de cocina por encima de la carne que ya ha colocado. Coloque las alcapurrias en un recipiente y métalas en la nevera por una hora, o hasta que se endurezcan lo suficiente para manejarlas mejor al freír. En aceite bien caliente, fría las alcapurrias hasta que se doren. Finalmente, escurra el aceite de las alcapurrias y sírvalas.

Comentario

A todo el mundo les gustan las alcapurrias, pero nadie las quiere hacer.

_____

_____

_____

_____

Bacalaítos fritos

Donada por Nilda Santiago

Ingredientes

½ libra de filete de bacalao seco
1 ½ taza de harina de trigo
¾ cucharadas de sal
4 granitos de pimienta
2 ajos
3 hojas de culantro
1 cucharadita de polvo de hornear (baking powder)
1 ½ taza de agua
aceite vegetal para freír

Procedimiento

Corte el bacalao en pedazos, cúbralo con abundante agua y póngalo en un recipiente grande a fuego alto por 15 minutos. (Si prefiere, en vez de ponerlo al fuego, póngalo a remojar por varias horas. Esto es para desalar el bacalao). Sáquelo, escúrralo, quítele el pellejo y las espinas, y páselo por agua fresca dos o tres veces. Exprímalo con las manos y desmenúcelo. En un tazón mediano, combine la harina de trigo con la sal y el polvo de hornear. Vierta lentamente en el centro el agua y mezcle con una espátula de goma hasta formar una masa. Muela en el pilón la pimienta, el ajo y el cilantro, y agregue a la masa. Añada el bacalao y mezcle todo bien. Caliente el aceite para freír a fuego alto. Vierta la mezcla en el aceite usando una cuchara de servir. Fría hasta que obtengan un color dorado. Escurra en papel absorbente. Salen 30 bacalaítos.

Comentario

_____
_____
_____
_____

Barriguitas de vieja

Donada por Carmen "Cuti" Ramos

Ingredientes

2 tazas de calabaza majada (se hace con 4 tazas de calabaza picada en trozos).
3 clavitos dulces (triturar en mortero) (polvo)
1 huevo
½ tazas de azúcar
1 cucharadita de canela en polvo
1 cucharadita de vainilla
sal a gusto
½ taza de harina (todo uso)

Procedimiento

Cocine cuatro tazas de calabaza con los clavos y la sal. Maje la calabaza. Mezcle los Ingredientes secos con la calabaza ya majada. Mezcle bien. Si la mezcla queda muy blanda, añada dos cucharadas más de harina. Deje reposar la masa por 30 minutos. Luego añada huevo a la mezcla y fría. Deje escurrir en servilletas para evitar el exceso de aceite.

Bocadillos de pollo con *bacon dulce*

Donada por Sonia Díaz

Ingredientes

2 pechugas sin hueso y sin piel
1 mazo de perejil
¾ taza de azúcar negra
sal y pimienta a gusto
De 8 a 12 rebanadas de tocinetas picadas a la mitad

Procedimiento

Rebane la pechuga en filetes pequeños y sazónelos adecuadamente con sal y pimienta. Envuélvalos con pedazos de tocinetas y cúbralos con azúcar negra. Hornéelos hasta que se doren. Sírvalos en bandeja y decórelos con perejil.

Comentario

_____
_____
_____
_____

Buffalo Chicken Wing Dip

Donada por Joann and Wess Audsley

Ingredientes

2 a 3 lbs. of skinless chicken breats, cooked and shredded
1 cup of Frank's Hot Sauce
2 [8 oz] packages cream cheese, softened
1 [16 oz] bottle of blue cheese salad dressing
3 cups shredded cheddar cheese

Procedimiento

Preheat oven 350 degrees. In a bowl, mix shredded chicken and cheese. In a saucepan over med-low heat, combine cream cheese and blue cheese salad dressing and stir until smooth. Stir in hot sauce. Pour Heated mixture into bowl with chicken /cheese mixture. Stir well to mix. Spray a 13"X 9"baking pan with cooking spray. Bake uncovered for 40 minutes or until bubbly , make sure top does not Brown. Let stand for 10 minutes. Serve warm with tortilla chips or celery and baby carrots.

Dip de jueyes o camarones

Donada por Griselle Hernández Quirindongo

Ingredientes

1 lata de jueyes o 12 onzas de camarones cocidos pequeños
1 paquete de queso crema
½ cebolla blanca picada en pedacitos
1 pimiento pequeño picado en pedacitos
1 cucharadita de ajo molido
1 cucharada de adobo con pimienta
4 onzas de queso parmesano o mozzarella
1 tomate picado en pedacitos
½ cubito de sabor de camarones
2 cucharadas de aceite
2 cucharadas de aceitunas rellenas picadas

Procedimiento

En una olla o caldero, sofría en aceite la cebolla, el pimiento y el tomate. Añada el cubito, el adobo, el ajo, y añada los jueyes o los camarones hasta que todo esté bien mezclado. Retire del fuego y, en el envase que va a servir, añada los quesos en la mezcla caliente. Polvoree con el queso parmesano o mozzarella.

Sirva con galletitas o tostitos.

Dip de pollo con espinaca

Donada por Sonia Díaz

Ingredientes

1 lata de pollo
1 paquete de queso crema
1 pote de dip de crema de espinaca

Procedimiento

En un recipiente hondo, vierta el pollo y desmenuce bien hasta que quede parejo. Luego añada el queso crema un poco derretido y mezcle bien con el pollo. Añada el dip de crema de espinaca al final y mezcle bien. Es opcional echar sal o adobo al pollo.

Comentario

_____

_____

_____

_____

Mezcla de jamonilla

Donada por Ada Lind Pérez

Ingredientes

½ taza de Cheese Whiz
½ taza de leche Carnation
⅓ taza de cebolla picadita
⅓ taza de pimientos morrones
⅓ taza de pimientos verdes
½ taza de sandwich spread
4 libras de pan especial sin los bordes

Procedimiento

Pase por el procesador de alimentos todos los Ingredientes para que estos se mezclen bien y pueda obtener una mezcla muy cremosa. Luego unte al pan por las dos tapas y corte por la mitad o en cuatro pedazos.

Comentario

_____

_____

_____

_____

Esta receta me la dio Noris (QEPD) cuando Sonia pertenecía a las niñas escuchas y había que llevar algo para compartir.

Sorpresas

Donada por Carmen R. Lebrón Anaya

Ingredientes

1 libra balajú frito (ver página #58)
1 ½ taza harina de trigo
1 ½ taza agua
1 cucharaditas baking powder
⅛ cucharaditas pimienta negra
1 cucharaditas ajo triturado
2 hojas de culantro picaditas
2 ajíes dulces picaditos
1 cucharada de aceite de oliva
¼ taza cilantrillo fresco picadito
¼ cucharadita de orégano
1 sobre sazonador con culantro y achiote
Aceite de maíz o de oliva para freír

Procedimiento

En un envase mediano mezcle todos los ingredientes hasta unir. En una sartén con el aceite caliente eche la mezcla por cucharadas y fría hasta que queden doraditos. Sirva inmediatamente.

Rellenos de papa

Donada por Dimary

Ingredientes

2 libras de papas, mondadas y cortadas en cuatro
2 litros de agua
1 ½ cucharadita de sal
4 cucharadas de mantequilla
1 huevo
½ cucharadita de sal
1 cucharada de Maicena
Carne molida guisada a tu gusto

Procedimiento

Hierva las papas con la sal por 20 minutos.
Escurra, májelas y añada la mantequilla, el huevo
y la ½ cucharadita de sal. Deje reposar en la
nevera hasta enfriar. Divida la mezcla de papa
en 12 partes. Cubra bien la palma de la mano con
maicena. Extienda sobre la mano una porción de
la papa ya fría. Presione el centro con los dedos
hasta formar un hueco y coloque la carne molida.
Cúbralo con la misma mezcla de papa, hasta
que forme una bola. Según lo vaya haciendo,
espolvoree con maicena para que no se pegue
de la mano. Proceda de la misma forma hasta

terminar la mezcla. Fría en abundante aceite hasta dorar. Salen aproximadamente 12 rellenos de papa.

Comentario

_____

_____

_____

_____

Para guisar la carne molida, Noris me enseñó comprar carne molida de res y de cerdo para combinarlas. El cerdo le da mejor sabor a la carne molida.

Ensaladas / Sopas / Vegetales

Asopao de marisco

Donada por

Ingredientes

2 libras de camarones limpios

1 libra de masita de langosta

2 libras de filete de pescado trozado (rodaballo, dorado, mero)

1 libra de pulpo cocido

¼ taza de sofrito

½ taza de salsa de tomate

1 taza de arroz

2 cubitos de pescado o camarón diluidos 6 tazas agua

1 pimiento morrón picadito

2 hojas de culantro fresco, finamente cortadas

2 cucharadas de aceitunas sin semilla

Nota: puedes sustituir los cubitos de pescado por caldo de pescado.

Procedimiento

Ponga a hervir el caldo o el agua con los cubitos de pescado en una olla mediana. Échele el sofrito y la salsa de tomate. Cocine por 5 minutos. Agréguele el arroz, el pimiento morrón, las hojas de culantro, y cocine por 20 minutos. Por último, añada los mariscos y cocine de 10 a 15 minutos. Sirva con mofongo, tostones o pan con ajo.

Ensalada de verano

Donada por Lucilita Valentín Suárez

Ingredientes

1 paquete de queso del país
1 pepinillo
½ sandía o melón
hojas de menta (yerbabuena)
½ cucharada de mantequilla
zumo de limón
1 cucharada de aceite de oliva

Procedimiento

Corte el queso en 24 pedazos. (Corte el bloque a la mitad y cada mitad en seis pedazos. Luego cada pedazo a la mitad). Sofría los pedazos de queso en la mantequilla hasta que dore por los dos lados. Elimine la cáscara y la parte blanca del melón o sandía, y corte en tajadas de una pulgada. Pele y rebane el pepinillo tan fino como prefiera. Al servir, coloque los trozos de sandía en un plato grande. Acomode los pedazos de queso frito y de pepinillo. Coloque las hojas de menta por encima. Exprima o vierta el zumo de limón y luego el aceite de oliva.

Escabeche de panas

Donada por Eunice Hernández Quirindongo

Ingredientes

3 panas maduras
2 cebollas grandes
1 taza de aceite
1 caja de mollejas
pimienta a gusto
5 hojas de laurel

Procedimiento

Monde las panas y píquelas en pedacitos.
Hiérvalas en agua y sal. Ablande las mollejas y píquelas en pedacitos pequeños. En un sartén o caldero, eche aceite, las cebollas picadas en ruedas finas, una hoja de laurel y pimienta gusto. Espere que la cebolla se ablande. Añada las mollejas y las panas al final para que no se desbaraten.

Comentario

_____

_____

_____

_____

Sopa de lentejas

Donada por Janet Santiago

Ingredientes

1 paquete de 16 onzas de lentejas secas
4 papas cortadas
6 zanahorias cortadas en cubos
4 libras de carne de guisar
1 manojo de cilantro o culantro
sofrito
sal o pimienta a gusto
cubitos Knorr
sazón con achiote
cebolla
1 pote de salsa de tomate

Procedimiento

Lave las lentejas y descarte alguna que esté en mal estado. Remójelas en agua aproximadamente por una hora. Cocínelas en agua y sal por unos 15 minutos a media cocción hasta que estén listas. Agréguele la cebolla picada y los demás Ingredientes. Hierva la carne de guisar en una olla de presión por 20 minutos. Añada la carne a las lentejas. Eche las papas y las zanahorias luego de hervirlas. Verifique la sazón. Añada sal a gusto si fuera necesario o sustitúyala por cubitos Knorr. Deje cocinar por 20 minutos más moviéndolo de vez en cuando con una cuchara de madera hasta que las lentejas estén tiernas y el caldo espese.

Comentario

_____

_____

_____

_____

Vegetales

Berenjena con queso

Donada por Emma Ortiz Valentín (QEPD)

Ingredientes

2 libras de berenjenas mondadas y partidas
en dos, a lo largo
6 tazas de agua
4 ½ cucharaditas de sal
¼ libra de mantequilla
1 huevo
1 taza de queso parmesano rallado
2 cucharadas de polvo de galleta o pan
1 onza (2 cucharadas) de mantequilla

Procedimiento

Monde las berenjenas y póngalas a hervir en agua con sal durante 15 minutos hasta que se cocinen. Sáquelas, escúrralas y májelas. Agrégueles la mantequilla, el huevo y la taza de queso parmesano rallado, y mezcle. Coloque las berenjenas en un molde de cristal engrasado. Espolvoréelas con el polvo de galleta o de pan, y riegue pedacitos de mantequilla por encima. Precaliente el horno a una temperatura de 375° F. Hornee por 40 minutos.

Mofongo

Donada por Mercedita Rodríguez

Ingredientes

3 plátanos verdes
chicharrón de cerdo, a gusto
3 ajos grandes
1 cucharada de aceite de oliva
Abundante aceite vegetal para freír

Procedimiento

Monde los plátanos y córtelos diagonalmente en tajadas de una pulgada de ancho. Remójelas en agua con sal durante 5 minutos. Escúrralas muy bien. Caliente abundante aceite vegetal y fría los plátanos lentamente hasta que se cuezan, sin tostarse. Sáquelos y escurra sobre papel absorbente. En un pilón o mortero, muela bien los ajos y mézclelos con el aceite de oliva. Sáquelos del pilón. Machaque en el pilón 3 tajadas del plátano frito, añada un poco de chicharrón y machaque juntos. Agrégueles parte del ajo con aceite y mezcle. Cójalo por cucharadas y, con la mano, déle forma de bolas. Proceda del mismo modo con el resto. Sirva caliente.

Da para hacer 10 bolas.

Pasteles de repollo

Donada por Cecilia Hernández

Ingredientes (Cantidades a gusto)

masa de pasteles
carne de pollo guisada, pavo o carne molida
repollo entero
sofrito

Ingredientes para la masa

1 libra de calabaza
1 ½ yautía blanca
5 guineos verdes

Procedimiento

Luego de preparar la masa y el pollo, sumerja el repollo entero en baño de María con cuidado de que no se sobrecocine. Deje enfriar y saque las camadas de hojas enteras. Coloque la masa en la hoja con la carne. Doble la hoja evitando colocar masa de más. Engrase un molde y coloque los pasteles de repollo en el horno. Hornee a 350° F de 15 a 20 minutos. Para cocinarlos, también puede colocarlos en un sartén grande a temperatura mediana. El sartén debe tener un poco de agua para mantener la humedad. Procure que no se sobrecocine. (para 6 a 8 pasteles)

Pastelón de carne molida

Donada por Karitzma González Valentín

Ingredientes

4 o 5 plátanos maduros
2 libras de carne molida de res
Adobo (a su gusto)
2 cucharadas de sofrito del país
½ taza de salsa de tomate
aceite vegetal

Procedimiento

Monde los plátanos maduros y córtelos a lo largo. Fría en un sartén grande con aceite a temperatura mediana alta. Cuando estén dorados, remueva y ponga sobre papel absorbente. Adobe la carne molida, añada el sofrito y cocine a fuego mediano hasta que la carne se torne color marrón. Añada la salsa de tomate y continúe cocinando como 5 minutos más. En un molde rectangular, engrase y eche la mitad de los huevos batidos. Coloque los plátanos en el molde uno al lado del otro cubriendo el fondo. Eche la carne molida y distribúyala de manera pareja (que no esté con mucho líquido; escúrrala). Luego cúbrala con el resto de los plátanos, y encima vierta el resto del huevo batido. Hornee el pastelón a 350° F por 30 minutos.

Acompañe con su arroz favorito. Puede hacerlo de vegetales o de carne molida de pavo.

Tortitas de pana madura

Donada por Sylvia Gutiérrez

Ingredientes

1 pana bien madura cocida

1 huevo (si lo desea)

2 cucharaditas de canela en polvo

1 cucharadita de mantequilla

1 pisca de sal

azúcar a gusto

Procedimiento

Bata bien la pana madura. Mézclela con huevo, mantequilla, sal y canela. Frialas en aceite bien caliente. Déjelas dorar un poco.

Comentario

_____

_____

_____

_____

Las puede acompañar con café, leche o jugo a gusto. Saben deliciosas si les pone mucho amor. La fondita de Izarys, Karys y abuelita Sylvia.

Arroz / Pastas

Arroz a lo carnavalesco

Donado por Carmin Cora,
nuestra eterna Reina

Ingredientes

1 paquete de arroz de 3 libras
2 cebollas blancas o amarillas
1 pimiento verde
1 pimiento rojo
1 pimiento amarillo
1 pimiento anaranjado
1 lata de jamonilla
1 paquete de tocineta
2 cubitos
salsa soya al gusto
4 latas de consomé de carne
aceite de oliva
sofrito casero

Procedimiento

Pique todos los vegetales, la tocineta y la jamonilla en pedacitos. Sofría todo en un caldero con aceite de oliva. Luego añada los cubitos, la salsa soya a gusto y el sofrito. Finalmente, eche el arroz y sofríalo todo. Después vierta el consomé y añada la misma cantidad de agua con la medida del pote. Muévalo y vaya probando la sazón. Si desea, puede echarle un poco de sal, aunque no se recomienda. (Recuerde que tiene bastante sodio). Finalmente, tápelo y déjelo cocinando a fuego moderado. Muévalo hasta que se seque.

Comentario

Siempre tenga listo un pote de consomé con agua adicional. Si nota que le queda muy granoso, le puede añadir por encima más consomé con agua, con mucho cuidado.

_____

_____

_____

_____

Arroz apastelado con garbanzos

Donado por Carmen S. "Silvin" Rodríguez Micó

Ingredientes

3 libras de arroz mediano o largo (de la marca de su predilección)

2 potes de garbanzos

1 paquete de longaniza de cerdo o de pollo

1 paquete de jamón de cocinar de 9 onzas

2 chuletas

sal

2 pasteles (1 yunta)

2 cubitos de pollo

pimientos morrones

2 hojas de recao

sofrito

De 2 a 3 cucharadas de aceite

sazón con achiote

una pizca de pimienta

Procedimiento

En un caldero con aceite sofría las chuletas junto con el sofrito. Cuando estén cocidas las chuletas, eche la longaniza y el jamón de cocinar. Cuando todo esté cocido, añada los dos pasteles y un poco de agua. Cocínelo hasta que la masa de los pasteles esté lista. Comience a agregarle los demás Ingredientes. Vierta el agua como se hace al preparar el arroz regular. Finalmente, déjelo cocinando de 30 a 45 minutos hasta que esté listo.

Comentarios

Puedes sustituir la longaniza de cerdo por pollo. Si con los cubitos de pollo la sal es suficiente, no hay que añadir más. Puede omitir la pimienta también. El achiote puede ser en polvo o preparado en su casa. Puede acompañar el arroz con tostones, amarillos, ensalada verde o aguacate.

_____

_____

_____

_____

Arroz blanco

Donada por Yadira González Valentín

Ingredientes

1 ½ taza de agua
1 taza de arroz grano mediano
1 cucharada de sal

Procedimiento

Hierva el agua. Añada todos los Ingredientes y cocine a fuego mediano alto hasta que el agua evapore. Mueva el arroz de abajo hacia arriba. Tape y cocine de 10 a 15 minutos a fuego bajo mediano.

Comentarios

_____

_____

_____

_____

Arroz con almendras

Donada por Lic. Naimeh Salem Devarie,
Houston, Texas

Ingredientes

½ cebolla picada
2 cucharaditas de mantequilla
1 pote de *mushrooms* (setas) en lascas
1½ taza de arroz grano largo
3 tazas de caldo de pollo
silvered almonds (almendras picadas)

Procedimiento

Eche la mantequilla y las cebollas en una olla hasta que ablanden. Luego eche las setas. Después se le echa el arroz y el caldo de pollo. Cuando se seque el arroz, muévalo y, finalmente, eche las almendras por encima.

Comentarios

_____

_____

_____

_____

Arroz con gandules

Donada por Luz A. González Valentín (Yelin)

Ingredientes

1 paquete de arroz
1 cucharada de sofrito criollo
2 potes de gandules
2 sobrecitos de sazón
1 cucharada de ajo molido
2 potes de caldo de res
1 libra de carne de cerdo para freír picada
1 guineo verde guayado
3 cucharadas salsa de tomate

Procedimiento

En un caldero, fría la carne con poco aceite hasta que dore. Añada una cucharada de sofrito, los gandules, el sobre de sazón, el ajo molido y el caldo de res. Déjelos hervir un rato y luego eche el guineo rallado y la salsa de tomate, deje que hierva un rato más y luego heche el arroz. Deje hervir el arroz hasta que se seque, muévalo y tápelo, y deje cocinar por unos 20 minutos.

Puede taparlo con una hoja de mata de guineo si tiene en el patio.

Arroz mamposteado

Donada por Yadira González Valentín

Ingredientes

3 tazas de arroz blanco o guisado cocido

1 taza de habichuelas guisadas con caldito

2 cucharadas de jamón

1 cucharadita de sofrito

1 cucharadita de aceite

1 cucharada de cilantro

Procedimiento

Cocine el jamón por tres minutos en un sartén a fuego mediano. Luego añada el aceite y el sofrito, y cocine por cinco minutos. Agregue las habichuelas y el arroz. Revuelva bien hasta que el arroz y las habichuelas estén bien mezcladas. Luego añada el cilantro. La consistencia debe ser húmeda.

Comentarios

_____

_____

_____

_____

Canelones rellenos de camarones

Donada por Maggie Sastre

Ingredientes

1 caja de canelones
1 paquete de camarones pelados, medianos de 2 libras
½ taza de salsa de tomate
1 sobre de sazón
2 hojas de laurel
pimientos tricolor (verde, rojo, anaranjado)
1 cebolla
2 cabezas de ajo
2 tazas de salsa de espaguetis con setas
queso americano (preferible Velveeta)
queso mozzarella
aceite de oliva

Procedimiento

En un sartén eche 2 cucharadas de aceite de oliva. Corte como 1/2 taza de cebolla en pedazos pequeños. Corte los pimientos en pedazos pequeños, aproximadamente ½ taza entre los tres. Muela las dos cabezas de ajo con poca sal (½ cdta.) Ya con el sartén preparado y caliente, mezcle todos estos ingredientes y sofría. Añada la salsa, el sazón y la hoja de laurel. Mézclelo todo y mueva (con una cuchara de madera preferiblemente). Añada los camarones y cocine no más de 5 minutos para que no se sobrecocine. Deje aparte. Hierva los canelones como indica la caja. Se engrasa una bandeja con pam o mantequilla. Rellene los canelones y colóquelos en la bandeja. Coloque el queso americano y el queso *mozzarella* sobre los canelones. Añada la salsa de espagueti y hornee de 10 a 15 minutos a 350° F. Recuerde que el horno debe estar precalentado.

Comentarios

_____

_____

_____

_____

Acompañe con pan con ajo, amarillos, lechuga y tomate o con sus vegetales favoritos. También puede confeccionarlos con carnes: pollo, pavo o molida.

Paella de pollo

Donada por Yaed Marie Díaz González

Ingredientes

2 cucharadas de aceite de oliva
½ cucharadita de azafrán
1 cadera de pollo picada en cuatro pedazos
2 muslos de pollo picados a la mitad
1 ½ tazas de arroz grano corto
2 tazas de caldo de pollo
¼ taza de sofrito
1 cucharada de ajo molido
¼ taza de cerveza

Procedimiento

En una paellera, cocine el pollo a fuego mediano alto, con el aceite, hasta que dore. Agregue el ajo y cocine por tres minutos. Añada la cerveza y reduzca hasta la mitad. Agregue el sofrito y cocine por tres minutos. Añada el caldo de pollo y el azafrán. Cuando hierva, agregue el arroz y remuévalo. Acomode el arroz por toda la paellera en partes iguales. Cocine por cinco minutos y remuévalo. Vuelva a acomodar el arroz alrededor de toda la paellera. Cocine por 8 o 10 minutos hasta que el arroz esté cocido. Adorne con guisantes, espárragos y pimiento morrón.

Tallarines montados

Donada por Ivette Fontánez
(receta peruana)

Ingredientes

1 caja de tallarines (espaguetis)
2 ajos molidos
1 cubito de pollo
2 cucharadas de mantequilla (o lo necesario)
1 huevo
sal y pimienta a gusto

Procedimiento

Hierva los tallarines al dente (duritos o al gusto) Cuélelos y colóquelos a un lado. Eche la mantequilla en un sartén. Sofría el ajo, el cubito y la pimienta al gusto. Añada los tallarines y remuévalos. Fría el huevo. Coloque los tallarines en un plato llano y, sobre los tallarines, coloque el huevo frito.

Comentario

_____

_____

_____

_____

Aves / Carnes / Pescados

Alitas en jugo de uva

Donada por Lucía de Jesús

Ingredientes

2 libras de alitas

1 taza de jugo de uva Welch

½ taza salsa *barbecue* (BBQ)

1 cucharada de mostaza

1 cucharadita de vinagre

adobo

Procedimiento

Adobe las alitas. Mezcle la salsa de barbecue con la mostaza y el vinagre. Unte la mezcla de la salsa a las alitas. Agregue el jugo de uva. Póngalas a cocinar.

Comentario

_____

_____

_____

_____

Balajú frito

Donada por Félix Laboy,
Presidente de la Asociación
de Pescadores de Arroyo

Ingredientes

10 balajúes
harina de trigo (a su gusto)
adobo (a su gusto)
perejil (a su gusto)
sazón (a su gusto)

Procedimiento

Ya escamado el balajú. Haga una mezcla en un
envase con harina de trigo, adobo, perejil y sazón.
Pruébela y ya que esté a su gusto, proceda a
adobar los balajúes. Ponga a freír en un sartén
a fuego alto hasta dorarlos por ambos lados.
Colóquelos en papel absorbente para que escurra la
grasa.

Comentario

_____

_____

_____

_____

Cabro en fricasé / ternera

Donada por Familia Vázquez Álvarez

Ingredientes

4 libras de cabro en pedazos
3 dientes de ajo
1 cucharada orégano seco
¼ cucharadita de pimienta
1 ½ cucharadas de sal
1 cucharada de aceite de oliva
1 cucharada de vinagre
3 onzas jamón de cocinar
3 hojas de laurel
1 libra cebolla
½ taza de salsa de tomate
Aceitunas rellenas, a su gusto
2 onzas de alcaparras
1 taza de vino seco o a su gusto
1 libra de papas mondadas y cortadas en pedazos
1 cajita de pasas

Procedimiento

Lave bien el cabro en pedazos. Coloque en un caldero el cabro con todos los ingredientes, y déjelos de un día para otro en la nevera. Al día siguiente, ponga a hervir. Luego de hervir, baje a fuego moderado, tape y cocine por 2 horas aproximadamente hasta que espese y la carne esté blandita.

Para celebrar fechas especiales en familia, un cabro en fricasé acompañado de arroz con tocino es la receta favorita.

Pernil relleno de ciruelas

Donada por Joaquina Rivera, Ñeca

Ingredientes

pernil de 8 a 10 libras
½ libra de jamón hervido molido
½ libra de ciruelas picadas
1 cerveza Malta
1 taza de azúcar

Procedimiento

Limpie de grasa el pernil y adóbelo. Haga un hueco en el centro y rellénelo con el jamón y las ciruelas. Cubra con el azúcar. Colóquelo en un molde y vierta la malta por encima del pernil. Hornee a 450° F los primeros 30 minutos y luego baje el fuego a 350° F por dos horas más.

Comentario

_____

_____

_____

_____

Pescado encebollado

Donada por Zaida Montes Sabater

Ingredientes (cantidades a gusto)

pescado entero o picado en rebanadas
pimientos
cebollas
hojas de laurel
aceitunas y alcaparras
pimienta
sal
aceite de oliva
limón
pimientos morrones (de todos los colores para adornar)

Procedimiento

Lave bien el pescado y quite el exceso de escamas
que le queden. Lávelo también por dentro. Si
el pescado es entero, dé un corte por ambos
lados. Si son muchos los comensales, córtelo en
rebanadas. Sazone el pescado con sal y pimienta.
Déjelo escurrir y reposar un poco. Caliente el
aceite en una sartén grande donde quepa el
pescado. Échelo a freír sin tostarlo. Cuando esté
frito, colóquelo en un colador para quitarle el
exceso de aceite. Mientras el pescado se esté

escurriendo, prepare otra sartén con aceite. Eche los demás Ingredientes que ya tiene previamente picados en ruedas, como la cebolla y el pimiento. Cuando estos Ingredientes estén amortiguados, agregue el ajo machacado y el resto de los Ingredientes. Finalmente, coloque de adorno los pimientos morrones y exprima medio limón sobre todo el pecado. Puede servirlo con cualquier arroz, tostones, ensalada, vianda, mofongo, tortas o guanimes "esnús".

Comentario

_____

_____

_____

_____

Para mi querida Noris. Gracias a Lucilita por hacerme participe de este libro. Yo sé que, si alguna sabe de esto, es Noris, que fue con lo que ella se crio. Yo sé que ella puede hacerle una buena jarana o bohemia a su querido Netón, su papá, su mamá, Cabán, Ana Ibis, por mencionar algunos. QEPD. Gracias, Noris, por tu aportación al pueblo de Arroyo y su gente. No hay espacio para escribir todo lo que habrías hecho por el pueblo, pero Dios te necesitaba allá en el infinito.

Pollo sudado

Donada por Edmée Figueroa Valentín

Ingredientes

6 presas de pollo (cadera o muslo)

2 cucharadas de aceite de oliva

2 cucharadas de mantequilla

jamón de cocinar picado en cuadritos (cantidad a gusto)

1 pimentón o pimientos morrones cortados en cuadritos

2 tapas de vinagre de manzana

2 papas medianas cortadas en cuatro pedazos

1 zanahoria cortada en rodajas

1 cebolla grande cortada en cuadritos

2 ajos triturados

6 aceitunas

comino y hoja de laurel (opcional)

1 cubito de pollo

sal a gusto

⅓ de leche

1 cucharada de maicena (para el espesor del caldo)

sazón a gusto

Procedimiento

Adobe el pollo. En un caldero en aceite y mantequilla, sofría el pollo a fuego lento. Vierta vinagre y revuelva por cinco minutos. Añada los tomates, la cebolla, el jamón, el pimiento, el ajo y las aceitunas. Tape y deje sofreír otros cinco minutos a fuego lento. Añada las papas y la zanahoria. Eche agua hasta que cubra los vegetales. Añada comino y laurel si desea.

Agregue sal cuando hierva la sazón si es necesario. Tape y cocine a fuego lento por 30 minutos. Diluya la maicena y la leche. Si quedara un poco seca, añada más agua y deje hervir por 10 minutos más. Verifique que los vegetales estén cocidos y que el caldo no esté muy espeso.

Comentario

Puede servirlo con arroz blanco o la ensalada de su preferencia.

_____

_____

_____

_____

Seco de res

Donada por Ivette Fontánez

Ingredientes

3 libras de carne de res trozada

3 zanahorias cortadas a la pluma

2 mazos de cilantro

2 latas de arverjitas dulces

2 papas cortadas en cuatro pedazos

2 cucharadas de aceite de oliva

1 cucharada de sofrito

1 diente de ajo

2 cebollas cortadas en cuadritos

1 sobre de sazón con color

1 cucharada de pasta de tomate

1 cubito de pollo

sal y pimienta a gusto

Procedimiento

Vierta en una olla dos cucharadas de aceite. Eche también sofrito, cebolla, ajo, zanahoria, la sazón con color y la pasta de tomate. Agregue la carne y deje sofreír por unos minutos hasta dorar. Añada las papas, el cilantro licuado, las alverjitas y el cubito de pollo, y deje cocinar hasta que la carne esté blanda y espesa. Añada agua si es necesario.

Tenderloins de pollo

Donada por Lic. Naimeh Salem Devarie
Houston, Texas

Ingredientes

Tenderloins de pollo
aderezo italiano (Italian dressing)
queso parmesano
adobo

Procedimiento

Adobe los tenderloins de pollo. Colóquelos en un molde para horno. Écheles por encima el aderezo italiano y el queso parmesano. Hornee por 30 minutos a 350° F.

Comentario

_____

_____

_____

_____

Fácil de hacer

Salsas

Mantequilla de guayaba

Donada por D del Moral

Ingredientes

1 barra de mantequilla o ½ taza a temperatura ambiente
½ taza de conserva (pasta) de guayava
3 cucharadas de jalea de guayaba
1 cucharadita de ron blanco

Procedimiento

Ablande la pasta de guayaba en baño de María.
Mezcle todos los ingredientes en una batidora hasta
que la mezcla se torne cremosa. Refrigere unos
20 minutos antes de usarla.

Comentario

_____
_____
_____
_____

Deliciosa con pan y todo tipo de galletas

Salsa para albóndigas

Donada por Mayda Anaya Ortiz

Ingredientes

1 cebolla pequeña
5 dientes de ajo medianos
1 cucharada de aceite de oliva
1 taza de salsa kétchup
¼ cucharadita de salsa inglesa (worcestershike)
1½ cucharadita de jugo de limón
½ media cucharadita de orégano seco

Procedimiento

Sofría la cebolla y el ajo en aceite hasta amortiguar. Añada el resto de los Ingredientes, dé un hervor y sirva caliente.

Comentario

_____
_____
_____
_____

Salsa para camarones

Donada por Mayda Anaya Ortiz

Ingredientes

¼ taza de mayonesa

¼ taza de salsa kétchup

2 cucharadas de salsa chili

1 cucharada de jugo de limón

¼ taza de tomates y pimientos frescos y picaditos

Procedimiento

Mezcle los ingredientes y sirva fría.

Comentario

_____

_____

_____

_____

Salsa para frutas

Donada por Mayda Anaya Ortiz

Ingredientes

4 tomates grandes, mondados y finamente picados

1 cucharadita de cebolla muy finamente picada

1 taza de mayonesa

¼ de cucharadita de sal

2 cucharadas de salsa kétchup

⅛ cucharadita de pimienta

1 cucharada de perejil picado

Procedimiento

Mezcle todos los Ingredientes y sirva frío sobre aguacate o frutas.

Comentario

_____

_____

_____

_____

Salsa o gravy de emergencia

Donada por Mayda Anaya Ortiz

Ingredientes

½ ajo grande
2 onzas de mantequilla
2 cucharadas de harina de trigo
1 ½ taza de consomé

Procedimiento

Machaque el ajo y páselo por el fondo de una cacerola. Retire el ajo de la cacerola. Coloque la mantequilla en la cacerola y derrítala a fuego lento. Agregue la harina de trigo y mueva hasta mezclarla. Caliente el consomé aparte. Agregue el consomé, poco a poco, a la mezcla de harina y mantequilla, y mueva continuamente a fuego moderado hasta que hierva y espese un poco. Retírelo del fuego, cuélelo y sirva caliente.

Comentario

_____

_____

_____

_____

Salsa de piña y china

Donada por Mayda Anaya Ortiz

Ingredientes

2/3 taza de sirope de piña de lata

⅓ taza de granadina

⅓ taza de jugo de china

Procedimiento

Mezcle los Ingredientes y sírvala fría sobre frutas.

Comentario

_____

_____

_____

_____

Salsa para mariscos

Donada por Mayda Anaya Ortiz

Ingredientes

1 taza de salsa kétchup

¼ de taza de salsa chili

2 gotas de salsa picante

2 cucharadita de Horse Radish

1 cucharada de jugo de limón

¼ de cucharadita de sal

⅛ de cucharadita de polvo de pimienta

1 cucharadita de perejil picadito

Procedimiento

Mezcle bien todos los Ingredientes y sírvala fría.

Comentario

_____

_____

_____

_____

Postres

Bizcocho al revés

Donada por Auristela Figueroa "Tita"

Ingredientes

1 taza de mantequilla
(2 barras)
2 tazas de azúcar
1 cucharadita de vainilla
4 huevos
3 tazas de harina *self rising* (Presto)
1 taza de leche fresca que no esté muy fría

Para el fondo del molde

½ barra de mantequilla
½ taza de azúcar negra
azúcar moscabada
1 pote pequeño de piña en rebanadas
12 cherries maraschino

Procedimiento

Todos los Ingredientes deben estar a temperatura ambiente. Precaliente el horno a 350° F. Derrita la media taza de mantequilla y viértala en el molde. Eche el azúcar negro en todo el molde. Acomode las piñas y las cherries a su gusto. Cierna la harina en un envase y luego el azúcar en otro. Bata la mantequilla y añada el azúcar, poco a poco, hasta que la mezcla quede cremosa y suave. (Este proceso es el más largo). Añada los huevos uno a uno. Continúe batiendo hasta que queden bien mezclados. Añada la harina en pequeñas porciones alternando con la leche. Comience y termine con la harina. Vierta la mezcla en el molde con cuidado de manera que no se muevan las frutas. Hornee a 350° F de 50 minutos a una hora. Finalmente, voltee en un plato y disfrútelo.

Comentario

_____

_____

_____

Esta receta es de mi madre Alicia Anaya, que en paz descanse. Me fue entregada a la edad de trece años y desde entonces ha sido una de mis fuentes de ingreso.

Bizcocho de queso

Donada por Victor I. Ortiz Pabón

Ingredientes

2 paquetes de queso crema
2 barras de mantequilla
2 tazas de azúcar
2 tazas de harina Presto
6 huevos
1 cucharadita de almendra

Procedimiento

Mezcle el queso crema con las dos barras de mantequilla y bata hasta que esté cremoso. Añada el azúcar y bata. Luego eche tres huevos y harina, y bata nuevamente. Agregue a la mezcla los tres huevos restantes. Añada el extracto de almendra. Luego vierta la mezcla en un molde ya engrasado. Hornee a 350° F por una hora.

Comentario

_____
_____
_____
_____

Bizcocho de tres leches

Donada por Brunilda Suárez

Ingredientes

1 bizcocho esponjoso (*pound cake*)
1 taza de leche fresca o de almendra Blue Diamond
1 taza de leche evaporada
1 lata de leche condensada
1 envase de crema batida (*whipped cream*)

Procedimiento

Mezcle las tres leches. Coloque el bizcocho en un molde algo profundo para que no se derramen las leches. Perfore el bizcocho para que el líquido penetre. Humedezca el bizcocho con las tres leches y déjelo un rato así para que penetren bien en el bizcocho. Enfríelo en la nevera. Cuando lo vaya a servir, riéguele por encima la crema batida.

Comentario

_____

_____

_____

_____

A disfrutarlo con un buen mantecado de su preferencia. Es fácil de preparar y rico en sabor.

Budín de coco

Donada por la Fundación Adelaida Bazán

Ingredientes

1 libra de pan especial
1 lata de 15 onzas de leche evaporada
2 latas de dulce de coco en almíbar
1 taza de leche fresca
1 cucharadita de vainilla
1 cucharadita de canela
1 taza de pasas
3 cucharadas de harina para todos los usos
½ barra de mantequilla derretida
azúcar a gusto

Procedimiento

Desmenuce el pan y remoje en la leche. Bata en la licuadora hasta que se forme una masa uniforme. Añada los otros Ingredientes, menos las pasas y la harina, y mezcle bien. Combine las pasas con la harina. Vierta en un molde rectangular, engrasado o acaramelado, y hornee a 400° F por una hora en baño de María, o en el horno, en caso del molde engrasado. Enfríe antes de voltear o servir. Puede agregarle dulce de coco en almíbar al servirlo.

Rinde para 14 o 16 porciones.

Budín de granpa

Donada por Hilda Borrás Díaz

Ingredientes

Receta para un molde:

1¾ x 9 3/8 in. X 1½

1 libra de pan criollo (de agua) fresco

1 pote de leche evaporada

1 pote de coco

2 tazas de azúcar blanca

1 onza de pasas

1 taza de walnuts

lascas de pasta de guayaba (a su gusto)

5 huevos enteros

2 cucharaditas de canela en polvo

1 cucharadita de extracto de vainilla

glaseado

½ barra de mantequilla

½ taza de leche fresca

½ taza de azúcar blanca

Procedimiento

Precaliente el horno a 350° F. Corte la libra de pan en trozos, más o menos del mismo tamaño. Eche la mitad el pan ya cortado dentro del molde. Agregue pasas, guayaba y walnuts a su gusto. Eche el resto del pan y coloque el sobrante de las walnuts y las pasas. Bata en una licuadora la leche evaporada, la leche de coco, dos tazas de azúcar, la canela y la vainilla, por aproximadamente 2 minutos. Luego eche los huevos y vuelva a batir. Vierta la mezcla por encima del pan hasta cubrirlo todo. Hornéelo a 350° F por 45 minutos en un horno convencional. En una olla, mezcle la mantequilla, el azúcar y la leche fresca. Hierva por 2 o 3 minutos a fuego moderado. Si ya el batir está, retírelo del horno. Finalmente, échele el glaseado por encima. (Deben estar calientes ambas cosas). Deje enfriar.

Comentario

_____

_____

_____

_____

Cocada I

Donada por Erasma Serbiá

Ingredientes

2 tazas de coco rallado sin cáscara

2 tazas de azúcar

1 taza de leche

5 huevos

15 almendras sin cáscara

1 cucharadita de vainilla

1 barra de mantequilla

Procedimiento

Hierva la leche y el azúcar, y deje enfriar. Separe las yemas y las claras. Bata las yemas y añádalas al coco. Bata las claras a punto de nieve (merengue) y añádalas al coco alternando con la leche. Bata con una cuchara de palo (a mano) y añada la vainilla. Prepare el molde con caramelo y deje enfriar. Engrase el molde con mantequilla. Riegue las almendras en el fondo del molde. Precaliente el horno. Eche la mezcla en el molde y hornee a 325° F por una hora. Saque el molde del horno y deje que se enfríe.

Cocada II

Donada por Lucía de Jesús

Ingredientes

2 tazas de coco rallado
5 huevos
1 taza leche evaporada
1 cucharadita de vainilla
20 almendras
azúcar
mantequilla

Procedimiento

Hierva la leche con el azúcar y deja enfriar.
Bata las claras a punto de merengue. Añada la leche al coco alternando con las claras. Añada la vainilla. Prepare el molde con caramelo. Unte mantequilla al molde después de que se enfríe. Riegue las almendras en el molde. Eche la mezcla en el molde y hornee a 350° F por 60 min. Deje enfriar para desmoldar. Deje el molde sobre la cocada por varios minutos.

Crushed pineapple sourcream pie

Donada por Liz Audsley

Ingredientes

19 in Keeblers Ready Crust Pie buy in supermarket
1 8 ounces Can crushed pineapple with juice
1 [3.5 ounces] package instant vanilla pudding mix
2 table spoons white sugar
1 cup sour cream

Procedimiento

In a large mixing bowl combine pineapple, dry ingredients - pudding mix and sugar stir well. Then add sour cream. Beat on low speed for 2 minutes. Pour mixture into prepared pie shell. Chill before serving. Spread cool-whip on cool pie.

Comentario

_____

_____

_____

_____

Noris Loved this pie.

Flan de calabaza y coco

Donada por Grisell Hernández Quirindongo

Ingredientes

caramelo (1 taza de azúcar derretida en el molde
a fuego lento)
1 lata de crema de coco
1 lata de leche evaporada
1 cucharadita de vainilla
1 cucharadita de canela en polvo
5 huevos enteros
16 onzas de calabaza hervida con sal a gusto
1 cucharada de maicena

Procedimiento

Mezcle todos los Ingredientes en una licuadora.
Vierta la mezcla en el molde preparado con el
caramelo. Procure que esté frio. Ponga el molde en
baño de María por una hora a 350° F en un horno
convencional. En un sartén eléctrico, se debe poner
en baño de María por 35 minutos aproximadamente.
Deje enfriar y adorne con frutas si desea.

Flan de leche

Donada por D del Moral

Ingredientes

1 taza de leche evaporada
1 taza de leche fresca
6 huevos
1 cucharadita de sal
1 cucharadita de vainilla
caramelo (1 taza de azúcar)
2 cucharadas de agua

Procedimiento

Mezcle todos los Ingredientes en una licuadora.
Mezcle hasta que vea que los Ingredientes estén
unidos. Vierta sobre el molde ya caramelizado y
hornee a 350° F en baño de María por una hora.

Comentario

_____
_____
_____

No sobrecocine el flan. No debe quedar con hoyos.

Flan de pana con almendra

Donada por Grisselle Hernández Quirindongo

Ingredientes

1 taza de azúcar (8 onzas)
1 taza de leche evaporada
1 taza de leche condensada
1½ taza de pana madura hervida (12 onzas)
5 huevos enteros
1 cucharada de vainilla
4 onzas de almendras picadas (opcional)
sal a gusto

Procedimiento

Derrita el azúcar a fuego lento en un molde redondo hasta que tenga una consistencia espesa y oscura. Viértalo, a modo de caramelo, por los lados del molde. Luego deje enfriar. Mezcle todos los Ingredientes en una licuadora (excepto las almendras). Vierta la mezcla en el molde acaramelado y añada las almendras. Revuelva para mezclar. Hornee en baño de María por 50 minutos si lo prepara en un horno convencional. Si lo confecciona en un sartén eléctrico, déjelo por 30 minutos en baño de María. Deje enfriar y decore con almendras.

Flan de queso y pistacho

Donada por Juanita Ortiz

Ingredientes

1 paquete de queso crema de 8 onzas
1 lata de leche evaporada de 12 onzas
1 lata de leche condensada de 14 onzas
5 huevos medianos enteros
1 cucharadita de margarina
1 cucharadita de harina de trigo
1 cucharada de vainilla
1 cucharada de emulsión de pistacho

Procedimiento

Eche los 5 huevos y la margarina, y bátalos en la licuadora. Luego añada la leche evaporada, la leche condensada y el queso crema. Vuelva a batir. Por último, agregue la harina de trigo, la vainilla, el pistacho y vuelva a batir bien todo. Vierta la mezcla en un molde azucarado. Hornee por una hora en baño de María a 350° F. También puede ponerlo en la estufa en baño de María.

Galletas de nueces

Donada por Doreen Hatch de Jesús,
Boston, MA

Ingredientes

1 taza de mantequilla a temperatura ambiente
½ taza de azúcar en polvo
2¼ taza de harina de bizcocho
½ cucharadita de sal
3/2 tazas de nueces cortadas
(Reserve más azúcar en polvo para la galletas una vez terminadas).

Procedimiento

Mezcle el azúcar y la mantequilla. Una vez esté cremosa, añada la vainilla, la harina, la sal y las nueces. Si la mezcla queda blandita, póngala en la nevera hasta que la mezcla sea fácil de manejar. Haga bolas (galletas) de 1 ¼ y póngalas en una bandeja de hornear cubierta con papel para hornos para que no se peguen. Hornee a 400° F por 10 o 12 minutos. Por último, deje enfriar un poco y rocíe en el azúcar de polvo reservada. Rocíe por segunda vez cuando se enfríen por completo.

Maicena

Donada por Lucila Valentín Suárez

Ingredientes

2 yemas de huevo
¼ taza de azúcar
2 tazas de leche
1 ½ cucharada de maicena

Procedimiento

Bata bien las dos yemas de huevo con el azúcar. Luego eche 1½ cucharada de maicena, y bata con las yemas y el azúcar. Échele las dos tazas de leche y bata bien todo. Vierta en una olla y muévalo. Coloquen la olla en la estufa y comience a mover. Es importante mover continuamente hasta que se cocine.

Comentario

_____
_____
_____

_____
Esta receta me la enseñó mi mamá Lucila, y a mis nietos les encanta como yo la hago.

Natilla de coco

Donada por Edmée Figueroa Valentín

Ingredientes

½ taza de azúcar
½ taza de agua
palitos de canela partidos en pedazos
lata de coco rallado (3½ onzas)
3 tazas de leche divididas
4 huevos
½ cucharadita de extracto de vainilla
2 cucharadas de almendras tostadas en rebanadas

Procedimiento

En una cacerola grande combine el azúcar, el agua y los pedacitos de canela. Cocine sin tapar a fuego lento por 10 minutos. Pase por un colador fino para sacar los pedacitos de canela y devuelva la mezcla a la cacerola. Añada el coco y cocine revolviendo frecuentemente por cinco minutos o hasta que casi todo el líquido se absorba. Agregue 2 ½ tazas de leche y cocine hasta que la mezcla esté caliente. Mientras, en un tazón mediano, bata los huevos con la ½ taza de leche restante. Combine una taza de la mezcla de leche caliente con la mezcla de huevos.

Devuelva esta combinación a la cacerola original. Cocine y revuelva hasta que la natilla espese. Vierta en un molde y ponga en el refrigerador por unas dos horas como mínimo. Cuando esté listo, sáquelo y decore con el coco rallado.

Comentario

_____

_____

_____

_____

Paletas de fresa y kiwi

Donada por Ana M. Rivera

Ingredientes

1 botella de *Sparkling* water kiwi & strawberry
       (agua espesa con sabor)
4 fresas frescas o congeladas
2 kiwis
molde para hacer paletas
palitos para las paletas

Procedimiento

Lave las frutas. Corte y pele los kiwis. Luego córtelos en rodajas. Corte las fresas por la mitad. Coloque las frutas en moldes en pequeñas cantidades y rellene con agua espumosa con sabor a kiwi y fresa. Coloque el palito de madera y luego ponga a congelar por un promedio de seis horas aproximadamente. Finalmente, estará listo para servir.

Comentario

_____

_____

_____

_____

Bebidas

Agua loja

Donada por Tomasa Martínez

Ingredientes

De 4 a 6 galones de agua
1 libra jengibre del país (de otra, ½ o 2 libras)
10 libras de azúcar
3 sobres de canela
3 sobres de clavos (especias)
2 hojitas de malagueta

Procedimiento

Pruebe el jengibre primero. Asegúrese antes de que no amargue y lávelo. Machaque el jengibre y mezcle todos los Ingredientes. Luego pase la mezcla por la licuadora. Póngala a hervir de 15 a 20 minutos lentamente y luego deje enfriar. Finalmente, sazone poco a poco.

Coquito

Donada por Centro Cultural de Arroyo
Francisco Figueroa Sánchez

Ingredientes

1 taza de leche evaporada

1 taza de azúcar

½ lata de coco López

2 huevos

1 cucharadita de vainilla

1 taza de ron Bacardí blanco

Procedimiento

Mezcle la leche y el azúcar. Póngalo a fuego lento hasta que empiece a hervir. Retire del fuego y enfríe. Bata los huevos y añádales la mezcla de leche y el azúcar, ya fría. Añada la vainilla, el coco López, el ron Bacardí blanco, y mezcle bien. Cuele la mezcla con un colador pequeño. Enváselo y enfríe.

Comentario

_____

_____

_____

_____

Coquito de café

Donada por Sonia Díaz

Ingredientes

1 lata de leche evaporada

1 lata de leche condensada

1 lata de crema de coco

1 taza de café preparado (cargado)

2 tazas de ron

2 cucharaditas de extracto de vainilla

De 1 a 2 cucharadas de polvo Expresso

2 rajas de canela

Procedimiento

Mezcle las leches y la crema de coco en una licuadora. Bata hasta que estén cremosas. Coloque en una jarra y añada el resto de los ingredientes. Bata con un batidor de mano. Finalmente, viértalo en botellas de su predilección.

Mojito

Donada por Ruta PR*
787.271.5943

Ingredientes

4 a 6 lascas de limón

6 hojas de yerba buena o menta

1 tapita de Triple Sec

1 ½ cucharada de azúcar morena

1 ½ a 2 onzas de ron blanco de Puerto Rico

3 onzas de Club soda

3 onzas de Aprite

1 onzas de sabor (si lo desea)

hielo (a su gusto)

Procedimiento

Macere los limones, la yerba buena y el azúcar hasta que salga el jugo de los limones. Luego mezcle el resto de los ingredientes y agite.

Comentario

_____

_____

_____

_____

Servir en vaso de 12 onzas con hielo, sorbeto y un limón de adorno.

*Carr.#3, Bo. Guasimas (Marginal Guayama a Arroyo) Arroyo, PR

Piña colada

Donada por Ruta PR*
787.271.5943

Ingredientes

2 tazas de hielo
1 taza de jugo de piña
1 taza de ron blanco de Puerto Rico
½ taza de crema de coco
trozos de piña (a su gusto)
cherries

Procedimiento

En una licuadora, eche el hielo, el jugo de piña, el ron y la crema de coco. Mezcle a velocidad alta hasta que el hielo se triture y los ingredientes se vean bien mezclados. La bebida debe quedar suave. Vierta en vaso y adorne con trozo de piña y las cherries. ¡Salud!

Comentario

_____

_____

_____

*Carr.#3, Bo. Guasimas (Marginal Guayama a Arroyo) Arroyo, PR

Sangría virgen

Donada por Néstor Carmona

Ingredientes

60 onzas de sangría virgen (marca Caribe)
60 onzas de jugo de china (Simply Orange)
60 onzas de limonada (Simply Lemonade)
1 botella de vino tinto sin alcohol (Welch)
3 latas de 11 onzas de Club Soda
3 latas de 11 onzas de ginger ale
1 taza de jugo de uva

Procedimiento

Mezclar todo en un envase. Añada licor si así lo desea.

Comentario

_____

_____

_____

Con esta medida se preparan dos galones.

Recetas de Mrs. Gely

Es con suma satisfacción que donamos
a la **Fundación Noris Valentín Suárez**
las recetas de nuestra querida madre,
Irma Villaveitia Robles,
Mrs. Gely, como cariñosamente la
llamaban en el pueblo de Arroyo.
La buena repostería nunca pasa de
moda. Es un arte artesanal en el que
se utilizan sabores, olores, texturas
y la creatividad de cada persona.
Esperamos que esta publicación sea
del agrado de todos y que este legado
trascienda a muchas generaciones.

Zaida Gely Villaveitia y Marisol Gely Villaveitia

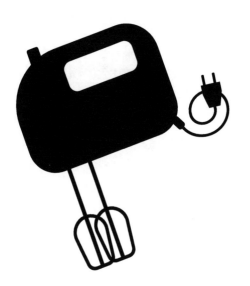

Bizcocho de chocolate

Ingredientes

4 onzas de mantequilla

2 tazas de azúcar

2 huevos enteros

2 pastillas de chocolate soso
    (Caja Nestle unswetened 1 barra, caja de 4)

2 tazas de harina de pastelería más dos cucharadas
    (Presto)

2 cucharaditas de polvo de hornear de doble acción*

1 cucharadita de sal*
    (*Se elimina si se usa harina Presto).

1 taza de leche

1 taza de nueces picadas o una taza de pasas doradas

1 cucharadita de vainilla

Procedimiento

Bata la mantequilla y el azúcar hasta que la mezcla esté cremosa. Agregue los huevos uno a uno.
Añada el chocolate derretido. Mezcle la harina con el polvo de hornear y la sal.
Agregue la harina alternando con la leche. Eche la vainilla. Añada el resto de la mezcla con movimientos envolventes. Luego agregue las pasas o las nueces. Coloque en el horno a 350° F por 50 minutos.

Bizcocho de mantequilla

Ingredientes

1 libra de mantequilla o margarina (4 barras)
3 ½ tazas de harina Presto después de cernida
2 ½ tazas de azúcar
¾ taza leche evaporada
10 huevos, separadas las yemas y las claras
1 cucharadita de extracto de limón (Se puede sustituir
        por jugo de limón o ralladura).
1 cucharadita de vainilla

Procedimiento

Bata la mantequilla añadiendo poco a poco el azúcar hasta que esté cremosa. Agregue las yemas una a una (se debe batir bien). Añada la leche alternando con la harina, empiece con harina y termine con harina. La harina debe de desaparecerce de la mezcla antes de echar la próxima. Agregue la vainilla y el extracto de limón. Engrase el molde y añádale un poco de harina al fondo. Aparte, se baten las claras a punto de nieve y se añade a la mezcla a mano, usando movimiento envolvente. Hornee a una temperatura de 350° F por 50 minutos si el molde es rectangular. Si es un molde redondo, hornee por 1 hora a 350° F.

Comentario

_____

_____

_____

No llene el molde porque el bizcocho sube. Colóquelo en la parrilla de abajo.

Sirope para mojar el bizcocho

Ingredientes

1 taza de agua

1 ¼ taza de azúcar

Procedimiento

Mezcle en una cacerola pequeña una taza de agua y 1 ¼ de taza de azúcar. Ponga a fuego alto y, cuando comience a hervir, apague la estufa y tape la cacerola.

Cuando deje de hacer burbujas, añada dos cucharadas de licor o jugo de frutas. Perfore un poco el bizcocho, que debe estar frío. Riegue el sirope caliente sobre el bizcocho. Comience desde las orillas hacia el centro.

El sirope siempre se echa caliente sobre el bizcocho frío.

Azucarado amerengado de glucosa
(para forrar el bizcocho)

Ingredientes

2 cajas azúcar de confección
½ taza de claras
½ taza de glucosa
1 cucharadita de extracto de almendras

Procedimiento

Bata las claras por medio minuto a velocidad alta.
Agréguele azúcar poco a poco a velocidad lenta.
Añada la glucosa y el extracto de almendras.
Siga batiendo a velocidad muy lenta por 15 minutos.
(Nota: puede sustituir la glucosa por glicerina o sirope de maíz claro. Deje reposando alrededor de media hora cubriéndolo con una toallita húmeda. Vierta el frosting encima del bizcocho. Riéguelo y deje que vaya bajando por los lados. Forre con el frosting

encima del bizcocho en forma recta. Si hay mucho, forre también hacia los lados. Si hay que volver a echar frosting, se hace de abajo para arriba.

Comentario

_____

_____

_____

_____

Para decorarlo, siempre se tiene que dejar secar el frosting.

Azucarado básico para decoración

Ingredientes

⅓ taza de claras de huevo

1 cajas azúcar de confección

1 cucharadita de cremor tártaro (cream of tarta)

Procedimiento

Bata las claras a punto de merengue. Añada la cucharadita de cremor. Luego añada el azúcar de cofección poco a poco.

Uso de este azucarado

Hacer flores

Escribir en el bizcocho

Cordones, soga

Orlas

Comentario

_____

_____

_____

Si la mezcla le queda muy blanda, eche más azúcar de confección poco a poco hasta lograr la consistencia deseada. Si le queda muy claro, échele clara de huevo poco a poco hasta lograr la consistencia deseada.

Bizcocho esponjoso

Ingredientes

6 huevos
2 tazas de azúcar
2 ¼ tazas de harina preparada
½ taza de leche
1 cucharadita de vainilla

Procedimiento

Separe las claras de las yemas. Bata las claras a punto de nieve. Luego añada el azúcar. Agregue las yemas una a una. Añada la harina alternando con la leche. Agregue la vainilla. Hornee en molde engrasado por 30 minutos a 325° F.

Mezcla de tres leches para bizcocho esponjoso

Ingredientes

1 lata de leche evaporada
1 lata de leche condensada
1 pote de crema de leche
1 yema de huevo batida
1 cucharadita de vainilla
Ralladura de limón

Procedimiento

Mezcle las tres leches y agregue la yema de huevo batida. Mezcle bien. Ponga a hervir esta mezcla y luego deje refrescar. Agregue la mezcla al bizcocho previamente perforado. Ponga a enfriar en la nevera.

Comentario

_____
_____
_____
_____

Al servir, adorne con crema batida o azucarado de *marshmellow*.

Brazo gitano

Ingredientes

4 huevos
1 ½ taza azúcar
1 1/3 taza harina preparada para bizcocho
1/3 taza de agua helada
1 cucharadita de vainilla
1 cucharadita de jugo de limón
      o de extracto de limón o de almendras

Procedimiento

Bata los huevos enteros hasta que mezclen bien la clara y la yema. Añada el azúcar poco a poco y continúe batiendo hasta que la mezcla esté cremosa. Añada la harina alternando con el agua. Enrolle y espolvoree con azúcar en polvo. Hornee por 15 minutos a 325° F en un molde tamaño 10 ½ X 15 ½. Cierna la harina. Nunca se golpea, pues vuelve a compactarse.

Bata los huevos por 15 minutos a velocidad *high*. Tan pronto se mezclen, eche el azúcar. Pegue un papel de hornear o de encerar al molde. Engráselo y péguelo a la medida. Disuelva o pase por el procesador de alimentos la pasta de guayaba junto con la jalea de guayaba para mezclarlas. Humedezca la toalla de mano. Mezcle la harina y el agua en una batidora a velocidad baja. También se puede hacer a mano. (Se empieza y se termina con harina). Vierta la mezcla en el molde. Permita que fluya, no golpee el molde. Acomode la mezcla con la espátula. Hornee durante 15 minutos a una temperatura moderada. Una vez horneado, haga presión con la espátula húmeda para despegar del molde. Coloque el paño húmedo sobre el bizcocho y voltéelo. Retire el papel. Luego eche la jalea. Comience a enrollar y apriete un poco hasta enrollarlo competo con el pañito húmedo. Finalmente, cúbralo con algo frío.

Comentario

_____

_____

_____

_____

Cheesecake

Ingredientes

1 taza de galletitas de vainilla desmoronadas

2 cucharadas de azúcar

2 cucharadas de mantequilla derretidas

3 paquetes de 8 onzas de queso crema

1 taza de azúcar

3 huevos

2 cucharaditas de cáscara de limón rallada

  o 2 cucharadas de amaretto

3 tazas de fresas en almíbar

1 ½ taza jalea de fresa

Procedimiento

Mezcle las galletitas con el azúcar y la mantequilla derretida. Presione esta mezcla en el fondo del molde. Bata el queso hasta que esté suave. Añada gradualmente el azúcar sin dejar de batir y después agregue los huevos uno a uno, batiendo bien después de agregar cada ingrediente. Agregue la cascara de limón rallada. Vierta la mezcla en el molde y hornéela a 325° F por una hora. Retírela del horno y enfríela. Riegue sobre el bizcocho las fresas y la jalea o el *topping* que desee.

Comentario

_____

_____

_____

_____

Mantecaditos

Ingredientes

5 tazas de harina de trigo
1 libra de margarina
1 taza de azúcar
2 cucharaditas de extracto de almendra

Procedimiento

Bata el azúcar y la mantequilla hasta que mezclen bien. Añada dos cucharaditas de extracto de almendras. Agregue la harina poco a poco. Forme bolitas y presiónelas un poco en el medio. Coloque en un molde ligeramente engrasado. Hornee a 325° F por 15 o 20 minutos.

Puede adornar con grajeas, cherries, pasta de guayaba, azúcar pintada o azucarado básico.

Midori Cake

Ingredientes

1 libra de margarina
2 ½ tazas de azúcar
3 ½ tazas de harina
1 caja de 3 onzas de *pistacho pudding mix* (marca Royal)
½ taza de *midori*
¼ taza de leche
8 huevos
1 cucharadita de sabor de coco

Procedimiento

Mida todos los Ingredientes. Mezcle el *pistacho pudding mix* con la harina. Mezcle la leche con el *midori* y el sabor de coco. Para batir, use el mismo procedimiento que en el bizcocho de mantequilla. Hornee en molde engrasado a 350° F por 50 minutos.

Midori Glaze

(para cubrir el bizcocho)

Ingredientes

2 tazas de azúcar 10x
     (azúcar de confección)
⅓ taza de midori
4 onzas de queso crema
2 cucharadas de mantequilla (½ barrita)
1 cucharadita de sabor de coco

Procedimiento

Mida todos los Ingredientes. Bata a una velocidad mediana hasta que se mezclen bien. Esparza sobre el bizcocho frío.

Comentario

_____

_____

_____

_____

Pan de maíz

Ingredientes

2 tazas de harina de maíz sin cernir

2 tazas de harina de trigo sin cernir

2 tazas de leche

2 cucharaditas de sal

8 cucharaditas de baking powder

2 tazas de azúcar

4 huevos

1 barrita de mantequilla derretida

2 cucharaditas de vainilla

Procedimiento

Cierna juntos todos los Ingredientes secos 2 o 3 veces. Agregue los demás Ingredientes y bata hasta que se mezclen bien. Prepare los moldes para panecillos individuales con los vasitos de papel. Llene ¾ partes de los vasitos. Hornee por 20 minutos a 350° F.

Torta cubana

Ingredientes

1 barra de mantequilla o margarina
1 taza de azúcar
2 huevos
1 cucharadita de extracto de vainilla o almendra
pasta de guayaba
2 tazas de harina preparada

Procedimiento

Bata la margarina. Agregue azúcar y continúe batiendo hasta que la mezcla esté cremosa. Eche los huevos uno a uno y bata bien. Añada la harina poco a poco, y luego, el sabor. Engrase el molde. Eche la mitad de la mezcla en el fondo del molde. Coloque la pasta de guayaba picada y bien fina sobre la mezcla. Vierta el resto de la mezcla sobre la pasta de guayaba. Hornee a 350° F por 40 minutos.

Mis recetas

Mis recetas

Mis recetas

Mis recetas

Mis recetas

Mis recetas

Mis recetas

Mis recetas

Mis recetas

Mis recetas

Mis recetas

Made in the USA
Lexington, KY
13 July 2018